中国核学会科学家画册·理事长系列

钱皋韵

中国核学会编写

中国原子能出版社

图书在版编目(CIP)数据

钱皋韵/中国核学会编. —北京 ：中国原子能出版社，2021.1
（中国核学会科学家画册.理事长系列）
ISBN 978-7-5221-0442-3

Ⅰ. ①钱… Ⅱ. ①中… Ⅲ. ①钱皋韵－传记－画册 Ⅳ. ①K826.11-64

中国版本图书馆CIP数据核字(2020)第021749号

中国核学会科学家画册理事长系列·钱皋韵

出版发行　中国原子能出版社（北京市海淀区阜成路43号　100048）
策划编辑　王　朋　付　真　付　凯
责任编辑　付　凯
书籍设计　赵　杰
封面设计　马世玉　赵　杰
责任校对　宋　巍
责任印制　赵　明
印　　刷　北京卓诚恒信彩色印刷有限公司
经　　销　全国新华书店
开　　本　889mm×1194mm　1/12
印　　张　11.5
字　　数　138千字
版　　次　2021年1月第1版　2021年1月第1次印刷
书　　号　ISBN 978-7-5221-0442-3　　定　价　120.00 元

网　　址：http://www.aep.com.cn　E-mail:atomep123@126.com
发行电话：010-68452845

《中国核学会科学家画册·理事长系列》

总 序

核科学技术作为国家战略性高科技，在保持国家核战略威慑力量、促进能源结构调整、带动高端装备制造业升级、提高综合国力等方面，具有极其重要的战略地位和作用，党和国家始终高度重视。中国老一辈的核科技工作者们以报效祖国的热情和坚韧卓绝的意志，开创了“两弹一艇”的宏伟事业，为中华民族屹立于世界之林奠定了基础。一代代核科技工作者，用忠诚、信仰、学识、青春甚至生命，铸就了爱国、创新、求实、奉献、协同、育人的中国科学家精神。不管时代如何变化，这种精神始终能够薪火相传并愈加焕发出勃勃生机，召唤激励着更多科技工作者披荆斩棘、砥砺前行。

1980 年，为配合改革开放和对外交流的需要，促进中国核科学技术的发展，中国核学会应运而生，第一届理事会中共有 8 名“两弹一星”功勋奖章获得者，为中国核学会的发展奠定了一流的学术基础和优良的工作传统。近 40 年来，在历任理事长王淦昌、姜圣阶、汪德熙、钱皋韵、王乃彦、李冠兴院士等老一辈科学家的倡导和培育下，中国核学会发展成为一个拥有近万名个人会员、189 家会员单位、8 个工作委员会及 43 个专业分会，联系 23 个省核学会的全国性科技社团，参与组建了中国科协创新融合学会联合体及清洁能源学会联合体，在推动我国核科技产业发展方面发挥了积极作用。

今天，在全球倡导绿色能源和低碳经济的时代背景下，我国的核事业迎来了新的发展机遇。中国核学会立足国家大力发展核科技事业的良好契机，按照第九届理事会确定的“积极向‘国际一流学会’迈进”的目标，坚持为科技工作者服务、为创新驱动发展服务、为提高全民科学素质服务、为党和政府科学决策服务，把广大核科技工作者的积极性、主动性和创造性凝聚到建设创新型国家的伟大事业中来。

我们编写《中国核学会科学家画册》系列丛书，旨在纪念为中国核学会发展付出心血的核科技工作者，记录近 40 年来中国核科学事业不断探索前进的脚步，推动科学家精神更为广泛地传播，鼓舞和鞭策青年一代更好地承担历史使命。同时，我们也希望此丛书能向社会展示中国核学会和广大核科技工作者们为国家和社会发展做出的贡献，从而使更多的人理解和支持学会的工作，吸引和团结更多的人加入核科技工作者的队伍，共同谱写科技事业新的华彩乐章，汇聚起建设世界科技强国的磅礴力量！

王寿君

全国政协常委

中国核学会党委书记、理事长

2019 年 7 月 7 日

前　言

钱皋韵是我国著名的核燃料工程、同位素分离专家。曾任中国原子能研究所受控聚变研究室副主任、核工业理化工程研究院院长、中国核工业总公司科技委主任、中国核学会第四届理事长和中国核学会第五届名誉理事长等。

钱皋韵 1950 年毕业于交通大学物理系，1953 年被派往苏联莫斯科大学物理系学习，1955 年改去莫斯科热工研究所学习。1956 年回国后，先后在原子能所一部、二部工作，1974 年调入核工业理化工程研究院，1986 年调入核工业部。1994 年当选为中国科学院学部委员（院士）。钱皋韵是一位重望高名、成就显赫的科学家，早期从事中子物理研究。1960 年开始从事铀同位素分离研究工作。60 年代初组织并参加分离膜研制工作。促进了我国铀浓缩技术由气体扩散法转变为离心法。主持并参与建立了一整套完整的离心机研制体系。1978 年获得“全国科学大会奖”。1985 年获“国家科技进步二等奖”（排名第一）。1985 年获“国家发明一等奖”。1986 年获得国家人事部颁发的“中青年有突出贡献专家”称号。1991 年获首批“政府特殊津贴专家”称号。

本书由付凯执笔。

目录

第一章

家境贫寒 苦学不倦

家境贫寒 苦学不倦

1927 年 3 月 14 日，钱皋韵出生于上海南市肇周路泰安坊四号，父亲钱佑孙，母亲金峨菁。父母共育有五个孩子，因家道中落且当时医疗卫生条件有限，只有钱瑞麟（老二）和钱皋韵（老五）生存了下来。

钱皋韵的父亲钱佑孙虽然上过私塾，但成人后继续依靠钱皋韵的祖父，在祖父当买办的外国纺织厂中工作。祖父离开纺织厂后，钱佑孙便失业在家，靠变卖家当过日子。虽然家庭经济困难，但钱佑孙很注重对孩子的教育，家中再苦钱皋韵上小学的费用也从没间断过。然而在钱皋韵以优异的成绩考入上海中学后，来自家中的资助已难以为继，幸好他从申报报馆申请到一个助学金名额，解决了学费和书费。这份助学金一直资助到钱皋韵高中毕业。

由于幼年时家庭生活困难，钱皋韵的母亲经常带钱皋韵到亲朋家去暂住几日，到抗日战争时期，因老家在上海日占区，父母便将钱皋韵一人寄宿在上海法租界表舅父张淞身家（即钱瑞麟的岳父家），一住就是四年。尽管舅父母待钱皋韵不错，钱皋韵基本生活得到了保障，但毕竟是寄人篱下，钱皋韵处处小心听话，生怕惹人反感。

钱皋韵的童年，就是在上述的家庭背景下渡过的，很多性格也是在此背景下形成的。父母从未因家庭贫困而中断钱皋韵的学业，并期望他努力学习。钱皋韵深知父母对他的期许，并在心中不断告诫自己，必须要刻苦学习，将来不辜负父母的期望。

童年时期的钱皋韵

钱皋韵一岁时与奶妈

家境贫寒 苦学不倦

幼年时期的钱皋韵

童年时期在斜桥老家的钱皋韵

家境贫寒 苦学不倦

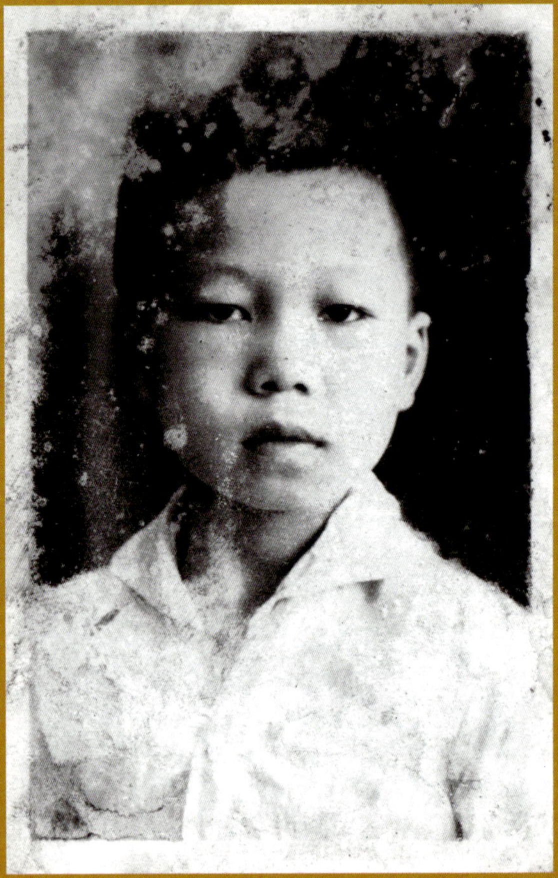

小学时期的钱皋韵

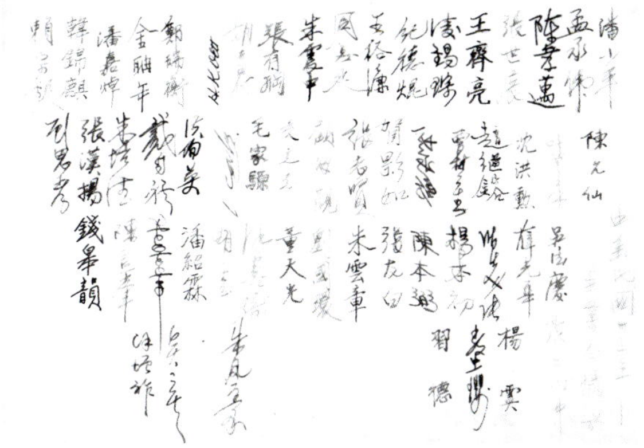

1944 年，钱皋韵（第二排右一）的泸新中学高中毕业合影

家境贫寒 苦学不倦

2004 年，钱皋韵的高中同学来北京聚会，第一排从左到右：钱皋韵、李德文、魏静嘉、段呖丽、杨成志，第二排从左到右：张锦文、盛树基、赵鼎德、董天光、严启明，第三排从左到右：汪祥芝、戴维忠、朱瑾、王传善、陈循介

钱皋韵（后排右三）在老家与父母、兄嫂、侄、妹与外侄及女友杨念如合影

家境贫寒 苦学不倦

钱皋韵（左）和二哥钱瑞麟

钱皋韵（右一）与奶妈（右二），奶妈的儿子（左二）等人合影。钱皋韵奶妈的儿子自小带钱皋韵一起做玩具，培养了钱皋韵自己动手的习惯，这个习惯对其以后的生活与工作，起了很好的帮助作用

第二章

交大求学 缘聚物理

交大求学 缘聚物理

1944 年，钱皋韵投考交通大学失利后考入私立大同大学。但由于负担不起学费，只读了半个学期便辍学在家。

1945 年，他再度投考交通大学，最终被电机系录取。开学前日本投降，国民党政府声称伪交通大学学生经甄审后，才能视同迁回上海的国立交通大学学生。但因家境困难，钱皋韵没有足够的费用前去注册。随后的日子里钱皋韵在二哥钱瑞麟的介绍下先后在上海跑马厅当写票员，在国民党经济部苏浙皖特派员办公处当驻厂（上海亚细亚机械株式会社、日产自动车株式会社）接收保管员，这段时期钱皋韵目睹了多起本应被收回的国有资产大量流失到国民党特派员个人手中，让他确信腐朽的国民政府无法改变现有的社会环境。

1946 年钱皋韵再度投考交通大学，第一志愿为电机系电讯专业，第二志愿为航空专业，第三志愿为物理专业。最终他被交通大学物理系录取。

大学四年中，钱皋韵也不放松对自己的要求，尤其是实验课，因其动手能力较强，在实验课的学习中他总能完成得最好。得益于大学中打下了物理学基础中的基本功，再加上做实验中积累的方法与经验，后来参加工作后的多次调换专业方向，都能很快适应并进入角色，也与此不无关系。

大学求学期间，钱皋韵就提交了入党申请书。他认为自己有一番理想，入党动机主要基于以下两条：第一，不满国民党政府内部腐败严重、全国上下民不聊生的状况，而共产党主张的人生而平等的思想让他感到了希望；第二，共产党全心全意为人民服务的思想深深地感染着他。但在支部讨论他的入党申请时认为他的入党动机还需要通过实践进一步考察。然而他并未因此懈怠，一直以实际行动展现他入党的初心，最终在 1950 年 7 月加入了中国共产党。

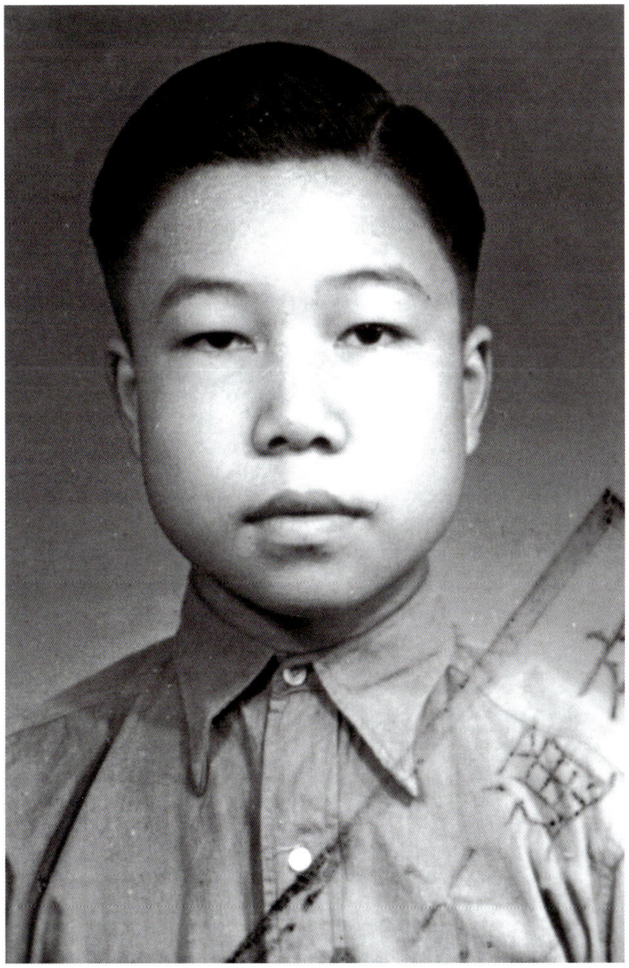

钱皋韵交通大学期间的照片

钱皋韵（右下一）与上海交大物理系毕业班全体合影

交大求学 缘聚物理

钱皋韵在交通大学学习时的照片

钱皋韵（右一）在大学时期参加校园活动时与同学陈云昇、华中一在一起

钱皋韵（右二）在交通大学操场与同学朱鸿鹤、王传善、陈邦干、杨念如合影

钱皋韵（右）与杨念如（左）大学时期的照片。在校期间杨念如与钱皋韵在健民夜中学兼职工作，增进了感情，最终在钱皋韵毕业前夕，确立了关系

第三章

留学苏联 投核报国

留学苏联 投核报国

去苏前期

大学毕业后。当时全国开始实行统一分配，钱皋韵被留校担任助教。1950 年 9 月初他与另外 4 名同校年轻助教赴哈尔滨工业大学研究班进修俄文，以便回到交通大学推广苏联的教学经验。

钱皋韵到达哈尔滨工业大学不久，朝鲜战争爆发。由于哈尔滨相对其他城市更加接近前线，钱皋韵和其他同学一样边学习、边参加抗美援朝的各项活动，如深入社区、上街宣传反对细菌战、为志愿军作干粮、修飞机场和参加校内纠察队等。

1952 年 4 月 30 日，哈尔滨工业大学校方通知钱皋韵到北京俄语专科学校留苏预备部报到，当时的俄专留苏预备部设在北京护国寺辅仁大学。因在哈工大已学习过俄文，钱皋韵被告知当年暑期便前往苏联学习，但因苏方认为第一批留学生选择的专业较为敏感，没能给予通过，钱皋韵便只能留在国内继续在留苏预备部学习，后改为电子学专业后，苏方才同意接纳，并分配到莫斯科大学物理系当研究生。

在俄语专科学校留苏预备部学习期间他曾担任党支部文体委员，负责组织文娱活动。

在留苏预备部学习时，钱皋韵还到北京大学物理系去旁听了一个学期，学习了在交通大学物理系未曾涉猎的量子力学，学习了一些核专业基本概念，冥冥之中为以后从事核工业打下了基础。

留苏学习

1953 年，钱皋韵是新中国成立后最早被派往莫斯科大学物理系攻读研究生的两个人之一。初到莫斯科大学学习期间，中国留学生人数不多，全校只有一个留学生党支部，他担任支部委员。

钱皋韵当时的论文题目是《高频气体放电》，是与气体分子运动论有关的一个实验物理题目。1955 年 11 月，正当钱皋韵毕业论文进入到冲刺阶段，他接到了大使馆的紧急通知，这个通知改变了他的一生。钱皋韵初到苏联时，和大多数留苏研究生一样在休息时间会到中国驻苏联大使馆玩。大使张闻天和夫人对待留学生就像对自己家里人一样，让钱皋韵在当时还不大的大使馆中感受到祖国的温暖。

但此次召见他的不是大使张闻天而是时任商务参赞李强。李强告知钱皋韵立即终止手头研究，做好准备，马上加入到由钱三强率领的一个高规格实习团前往苏联最高机密单位“热工研究所”去实习，就是这个通知让他与中国核工业结下了不解之缘。钱皋韵回忆说：“那个时候的思想非常明确，只要祖国需要，什么都干，没有人是抱着个人目的的，从不会计较个人利益的得失。”他是这么说的，也是这么做的。在毅然决定放弃近在咫尺的副博士学位后，他于第二天便搬离莫斯科大学，来到实习团报到。

钱皋韵在交通大学担任助教时的照片

钱皋韵在哈尔滨工业大学进修俄文时期的照片

1951 年 8 月，钱皋韵（右四）在哈尔滨工业大学与同学参加旅游时在沈阳北陵合影

留学苏联 投核报国

钱皋韵在北京俄语专科学校留苏预备部学习期间的照片

钱皋韵（后排右二）在俄语专科学校留苏预备部担任文体委员组织同志们在天坛公园活动

1952 年，包括钱皋韵（前排左三）在内的部分准备前往苏联读研究生成员合照

留学苏联 投核报国

1952 年，钱皋韵（前二排左五）和部分准备前往苏联读研究生成员与苏方俄语老师合照

钱皋韵在全校外国留学生的集体活动中代表中国留学生在学校大礼堂上台发言

留学苏联 投核报国

钱皋韵（左一）与莫斯科大学中国留学生在学校主楼前合影

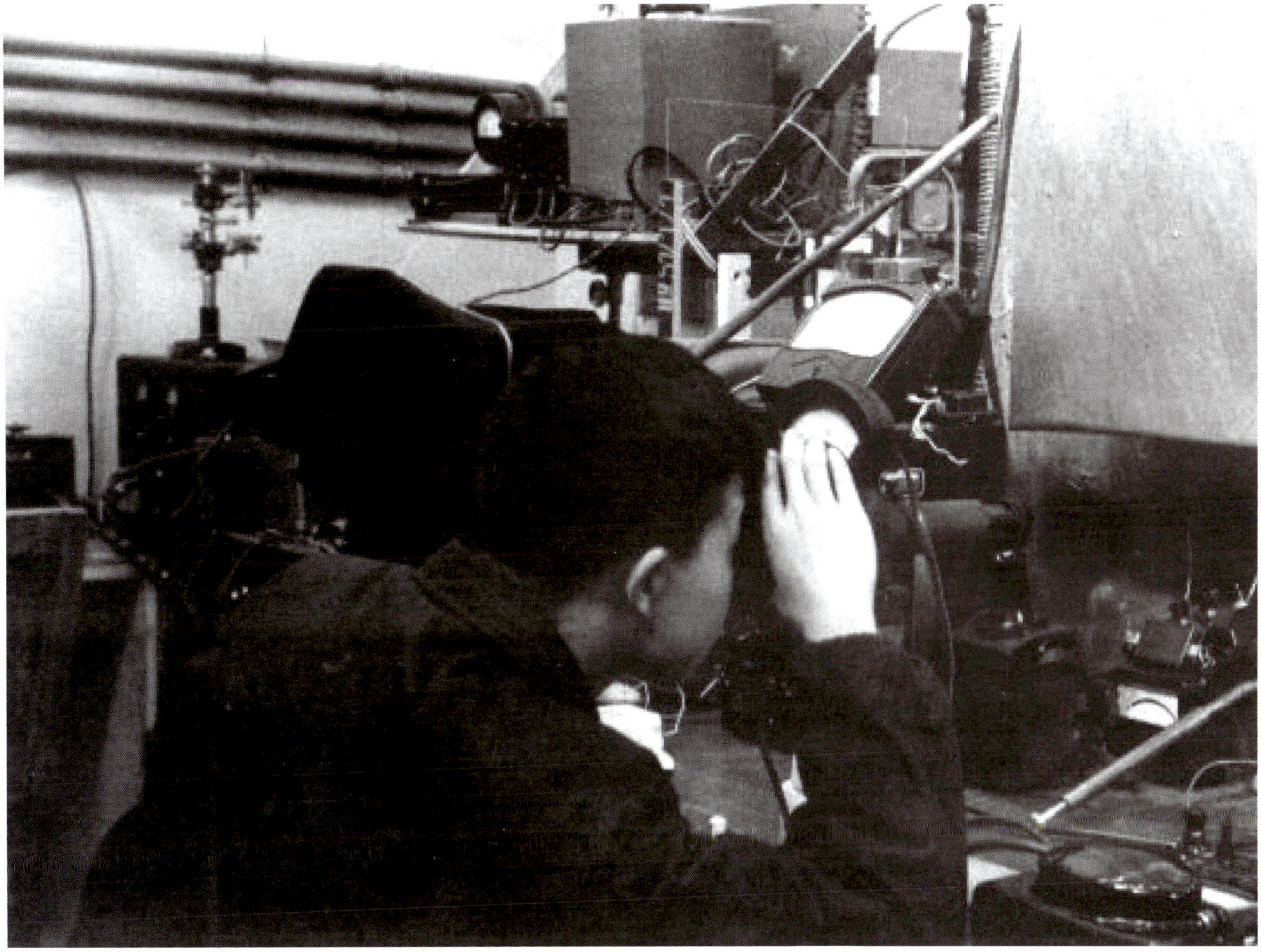

钱皋韵在莫斯科大学电子教研室做实验时正在观察数据

留学苏联 投核报国

钱皋韵（左三）与莫斯科大学的中国研究生合影

钱皋韵（右三）与莫斯科大学组织各国研究生度假时合影

留学苏联 投核报国

钱皋韵（后排右一）与莫斯科大学的中国留学生回国后聚会时的合影

钱皋韵与钱三强雕像的合影，1992 年钱皋韵提议在 401 所中心广场上为钱三强竖立一座半身雕像，以纪念钱三强对中国原子能事业的贡献

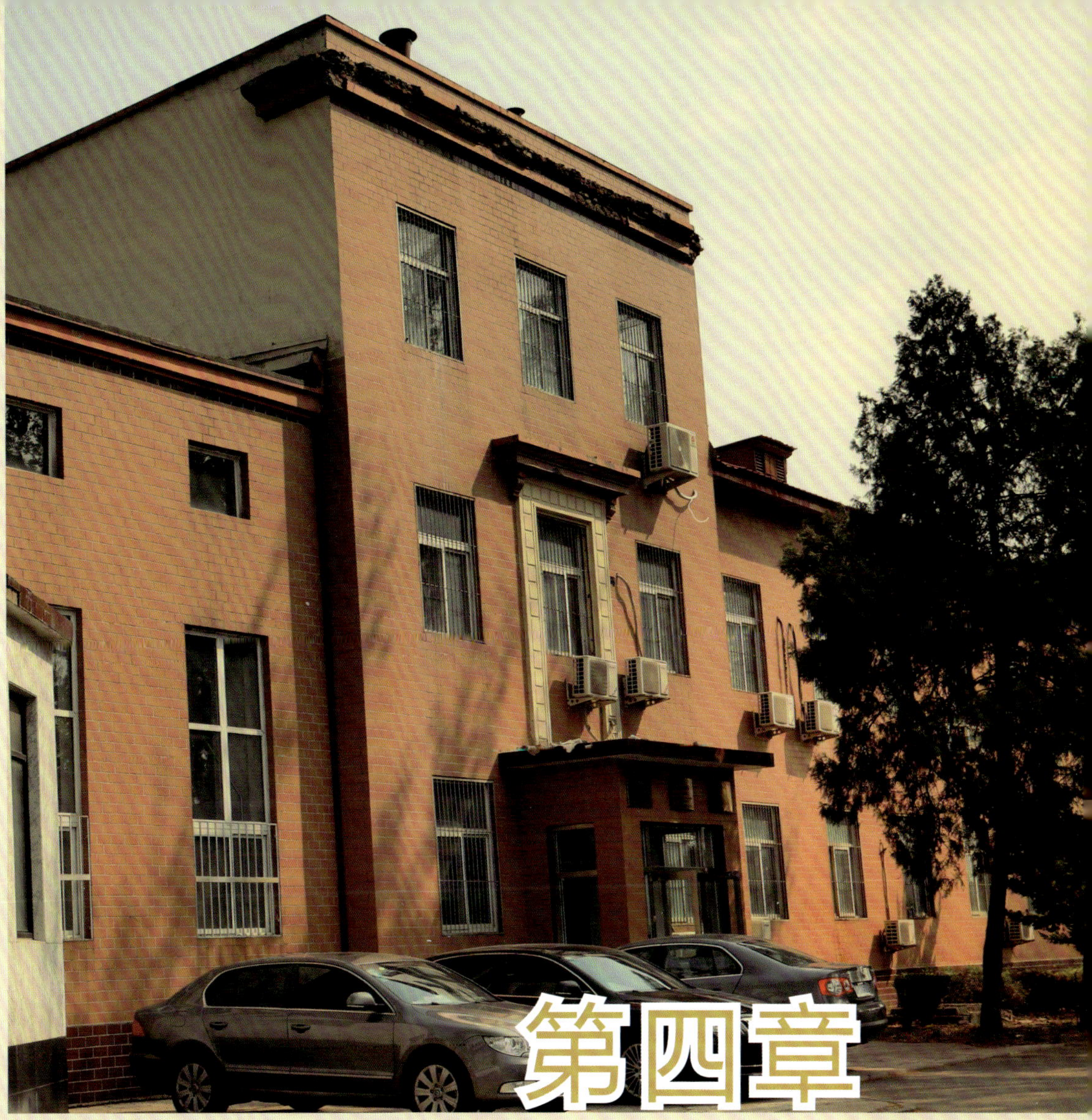

第四章

组织攻关 研制两膜

组织攻关 研制两膜

1960 年 7 月，由于中苏关系恶化，苏联决定马上从二机部撤走全部专家和尚未移交给中方的资料和敏感元件。1960 年 7 月 12 日，钱皋韵被钱三强紧急调去原子能所 615 室。从此便开启了他一生从事的铀同位素分离的科研工作了。

刚到 615 室钱三强为他配备了 14 人紧急组成一个工作小组。14 人小组任务主要是研究苏制分离膜的样品；钱皋韵则从专家留下的俄文资料中推算出制造分离膜的参数要求。14 人小组经分析后初步确定了分离膜的制备工艺，并提出了研制计划，赢得了时间。

苏联专家撤出原子能所后，钱皋韵的 14 人小组正式进入 615 室的专门进行气体扩散工艺的理论和物理试验，以及扩散机和分离膜的研究室——615 甲，钱皋韵被任命为 615 甲的副室主任。他将分离膜的初步分析结果汇报给钱三强，钱三强便着手组织了分离膜（代号“真空阀门”）的全国协作网。当时任务分配如下：615 甲提出任务书，详列甲种膜（管状）和乙种膜（片状）的材质、结构、流体参数、物理、化学和力学性能的要求，提出测量参数的方法，提供研制过程中协作单位送来的样品的物理和化学性能测试结果，进行研制最终成果的鉴定；中国科学院上海冶金所（含金属研究所和复旦大学部分人员和从 615 甲借调去支持的研制人员）负责甲种膜工艺；冶金部北京钢铁研究总院（含中南矿冶学院和 615 甲支持借调去的研制人员）

负责乙种膜工艺。协作网的管理和协调由二机部五局负责，钱皋韵负责协作网的技术协调和615甲承担任务的技术领导工作。

由于分离膜协作攻关项目是在钱三强1960年8月5日下午3点召开的一次会议上决定的，起初它代号“853任务”。后来，钱三强让钱皋韵为分离膜的研制工作设一个内部保密名称，钱皋韵便叫它“真空阀门”。这个名称让外界一度认为他们真的在从事阀门研究工作。

经过这样的多次反复，凭着无私的协作精神，经过四年多的努力，在1964年，他们终于攻克“真空阀门”技术，并实现了小批量生产。产品在20世纪70年代504厂扩散机分批停机检修时，替换了全部原装分离膜，加以504厂改进的扩散机电机，使得504厂产能翻了一番。

甲、乙两种分离膜的制造技术分别于1984、1985年获得国家技术发明一等奖，吴征恺和钱皋韵作为原子能所615甲的团队代表，分别跻身甲、乙分离膜发明奖的获奖者行列。

组织攻关 研制两膜

原子能所 615 甲研究室外观

原子能所 615 甲研究室外观

第五章

一生奉献 铸核强国

1956 年 7 月，在钱三强的安排下，钱皋韵提前结束实习回到北京并被分配到当时位于中关村的原子能所，人事关系随之由上海交通大学转到核工业系统。1957 年，北京郊区坨里镇附近的原子能科学研究新基地建成后钱皋韵便前往新基地工作。

1958 年秋，原子能所筹建可控热核反应研究室，先称 14 组，后改 14 室。钱三强指定钱皋韵、王承书、忻贤杰和左湖四人筹备。钱皋韵任支部书记，其分工为组建理论、真空、电气、实验四个组，以及研究所需实验器材的收集和订购。在科研工作上钱皋韵提出了第一个装置（属快压缩型，代号“雷公”）的设计意向，原子能所非常重视并投入大量的人力物力完成此装置。这是原子能所的科研人员首次联合设计安装设备，不但锻炼了队伍还在培养首批科研人员的工作方法上起到了一定作用。

1959 年 5 月钱皋韵、王承书和厉斌芳，奉派去苏联莫斯科原子能研究所和列宁格勒电物理设计局访问进修三个月，回国后便着手开展磁镜装置的研制工作。

1960 年，钱皋韵在原子能所 615 室的 615 甲从事分离膜系统研究，期间还与吴征铠、王承书前往 504 厂实地考察、评估。

1964 年 5 月二机部即核工业部决定组建 605 所（第三研究设计院），615 甲成为 605 所的北京分部，钱皋韵任分部副主任。

1977 年 8 月，钱皋韵被任命为第三研究设计院科技处处长，负责三院科研课题的管理和协调工作。1983 年 9 月，国务院任命他担任三院院长。

1986 年 9 月 19 日，核工业部任命钱皋韵为核工业部科学技术委员会副主任，兼部副总工程师。从此钱皋韵在北京部内有了具体工作内容和工作地点，长期来往于北京和天津两地。而三院的技术负责工作，钱皋韵交由三院总工程师刘广均负责。

1987 年钱皋韵卸任三院院长，从此便专注于核工业部科学技术委员会工作。钱皋韵作为三院院长后期，具体工作上已委托李嘉尧副院长代理行政、财务工作，翟绍源副院长代理基建、生产、动力、民品工作，丁文奎副院长代理器材、安防工作。院里的重大决策他们会提前与钱皋韵商量，责任仍由钱皋韵承担。当时三院领导班子之间相处都很融洽，院务工作进行得很顺畅，钱皋韵也因而能在科研第一线安心抓院的主线，即出成果、出人才的工作。

1988 年 6 月，因核工业部转为中国核工业总公司 (中核总)，部科技委改组为中核总首届科技委，但仍沿用部科技委试行工作条例。钱皋韵被聘任为主任。

1994 年，钱皋韵当选为中国工程院首批院士，任中国工程院首届能源与矿业工程学部常委副主任。

1999 年 8 月，中国核工业集团公司成立科学技术委员会。钱皋韵为科技委高级顾问。

钱皋韵在中核总时代历届科技委内，连任了 12 年主任。中核总党委对科技委的性质定为是领导的咨询顾问机构，而不是二机部科技委时期的参谋机构。面对这个变化钱皋韵分析认为：由于二级部的领导大都是领导政治和军事出身的干部，面对科学和工业方面的决策则需要科学家为主体的科技委在科技层面上为领导出谋划策做参谋工作；随着时间的推移后来各部门的负责人大都是行业内的专家，而且部门实行的是首长负责制，考虑要全面，决策要迅速，所以领导班子更需要的是“以备不时之需”的科技咨询机构。因此钱皋韵接任科技委主任后及时调整思路，特别注意淡出原来的二机部科技委的职责，即不主动参与总公司的科技决策，不主动过问各职能局和管理局的科技事务，只做好中核总、各局交办或委托的事情和一些拾遗补缺工作。另一方面，由于科技委专家的社会影响较大，钱皋韵也注意区分科技委正副主任参加的学术活动是代表科技委的，还是他们作为专家的个人行为。此外，中国核学会当时是挂靠在中核总，所以钱皋韵有意识地把非任务性涉外学术活动交核学会承担，而涉内学术活动则由科技委办理。

在钱皋韵从事科学技术委员会主任的这十余年内，科技委日常主要的工作是：围绕计划局、核电局、燃料局、科技局、人事局委托的任务、计划上报评审、部属各单位成果鉴定、验收、部级科技奖评审，高级技术职称评审、两院院士候选人的评定和推荐、与学术成就有关的国家荣誉称号候选人的评审、交办的技术考察或资格审查等，以及技术方案的组织论证等，向领导部门的意见反映或建议等工作。

1993 年，钱皋韵当选为中国核学会理事长 (第四届) 和中国科学技术协会第五届全国委员会委员。2000 年，中国核学会换届，钱皋韵被第五届理事会授予“名誉理事长”称号。直至退休他依然奋斗在核工业科研工作中。

核工业理化工程研究院部分院士（左四为钱皋韵）

“被称为三院黄金搭档”的钱皋韵（右）与王承书（左）在实验室观察数据 。1959 年春，钱三强安排王承书、钱皋韵和机械专业毕业的技术员厉斌芳三人去苏联实习三个月，王承书和钱皋韵去位于莫斯科近郊苏联原子能研究所下属的热核聚变研究部

“被称为三院黄金搭档”钱皋韵（左）与王承书（右）在实验室观察数据（2）。王承书去磁环大组的理论组，钱皋韵去磁镜大组。就是在这个阶段，钱皋韵与王承书熟悉起来，后来他们在苏联原子能研究所实习期间又在同一个办公室共事多年，业务上合作、互补，被人称为“黄金搭档”

钱皋韵（前排右三）与王承书（前排右四）在三院参加三院建所纪念日活动时的全体合影

钱皋韵（右二）与王承书（右四）参加学术会议与其他专家的合影

钱皋韵（前右二）与王承书（前右四）在重点科技攻关项目技术验收会后与其他专家的合影

王承书的儿子张哲（右二）夫妇来北京看望钱皋韵（左二）和杨念如

钱皋韵（右一）与李嘉尧（中）主持三院召开的某评审会

刘西尧（左一）来三院检查工作，钱皋韵（右一）介绍相关仪器

钱皋韵担任三院院长时，在会议上讲话

钱皋韵（左）正在听取工作人员汇报工作

钱皋韵（右八）和三院部分领导的合影

钱皋韵（左二）回三院参观时与三院部分领导合影

钱皋韵（前排右六）参加某学术会议与其他专家的合影

1979 年，钱皋韵（前排左七）在太原核七院参加 504 厂设计方案时与其他专家的合影

钱皋韵被邀（主席台右四）参加原子能出版社《亚运会知识手册》位于北京召开的图书首发式

1989年，钱皋韵（左二）和李毅（左四）等同事们合影

1993年，钱皋韵（右三）与俄罗斯专家在钓鱼台国宾馆合影。从左至右依次为：维尔宾、周渊泉、弗拉索夫、徐德禄、谢尔盖耶夫、瑞世庄、洪宝熊

1993 年，钱皋韵（中）出席《引进俄罗斯成套设备和技术服务合同》签字仪式时与二院老同事孙宗洁、洪宇能合影

1993 年，钱皋韵（右四）参加国内外专家交流会时与其他专家在北京合影

钱皋韵（左一）与莫斯科大学同学苏红（中）黄敦（右一）在家中合影

钱皋韵（前右五）参加在核工业上海第八研究所举办的学术会议

1996 年 7 月，钱皋韵（左一）、汪德熙（左四）、江家鼎（左二）、何泽慧（右三）等在西北马兰核试验基地留影

1997 年，钱皋韵（前排左五）参加在南京举办的 EL 机研制第六次协调会

1998 年，钱皋韵（前排左七）参加在五〇四举办的五〇四工程初步设计预审会

1998 年，钱皋韵（前排右十三）参加在五〇四举办的五〇四工程初步设计审查会

钱皋韵（前排左五）参加在五〇四举办的五〇四工程安全分析报告评审会

2007 年，钱皋韵（左三）与前往秦山核电站指导工作的专家们合影。阮可强（左一），陈念念（左五），李冠兴（左六）

2008 年，钱皋韵（右二）参加在中核集团天津机械有限公司制造厂召开的扩建项目初步设计评审会

2008 年，钱皋韵（左一）与胡思德（左二）、胡仁宇（右一）参加在原子能院举办的纪念活动时的合影

钱皋韵（左）与刘广均院士交流

2011 年 10 月 13 日，钱皋韵（前右六）参加位于原子能院的学会活动

1994 年钱皋韵当选为
中国工程院首批院士

中国工程院院士，是国家设立的工程技术方面的最高学术称号，为终身荣誉。

钱皋韵 于一九九四年五月选聘为中国工程院首批院士。

特颁此证

编号：(1994)0069

中国工程院颁发给钱皋韵的院士证书

中国工程院颁发给钱皋韵的院士荣誉证书

证书墙

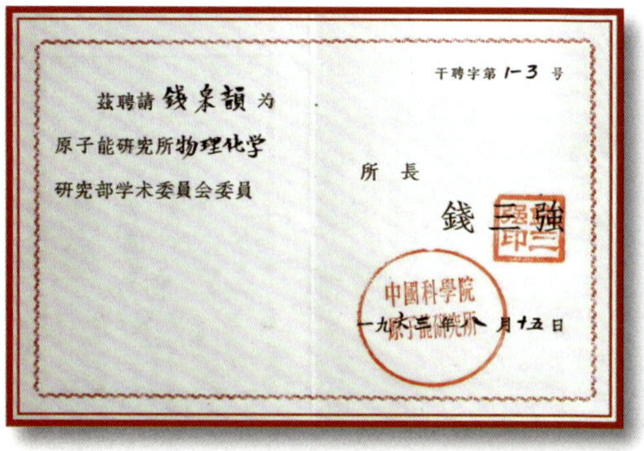
干聘字第 1-3 号
兹聘请钱皋韻为
原子能研究所物理化学
研究部学术委员会委员
所長
錢三強
中國科學院原子能研究所

干聘字第 0352 号
兹聘請錢皋韻为
中國科学院原子能研究所
学術委員会委員
院長
郭沫若
中國科學院

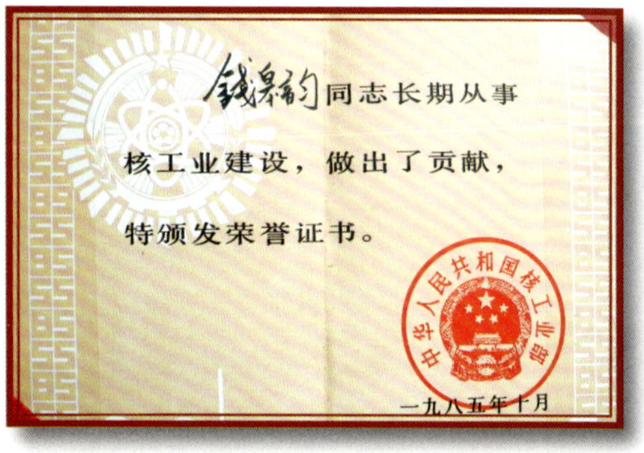
钱皋韵同志长期从事
核工业建设，做出了贡献，
特颁发荣誉证书。
中华人民共和国核工业部
一九八五年十月

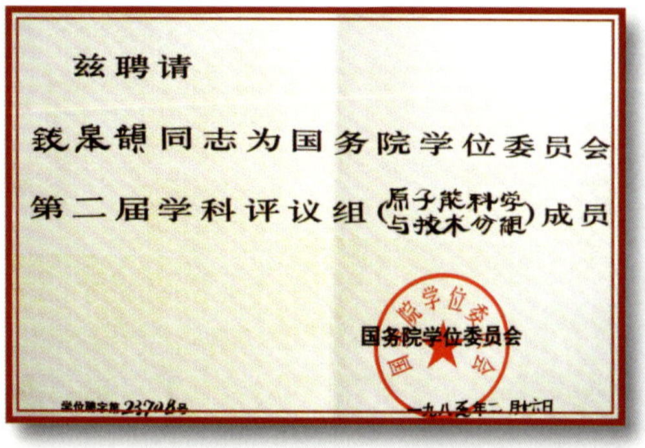
兹聘请
錢皋韻同志为国务院学位委员会
第二届学科评议组（原子能科学与技术分组）成员
国务院学位委员会

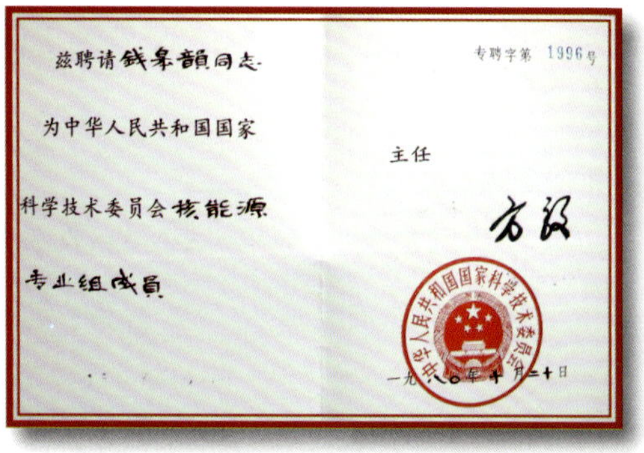
专聘字第 1996 号
兹聘请钱皋韻同志
为中华人民共和国国家
科学技术委员会核能源
专业组成员
主任
方毅

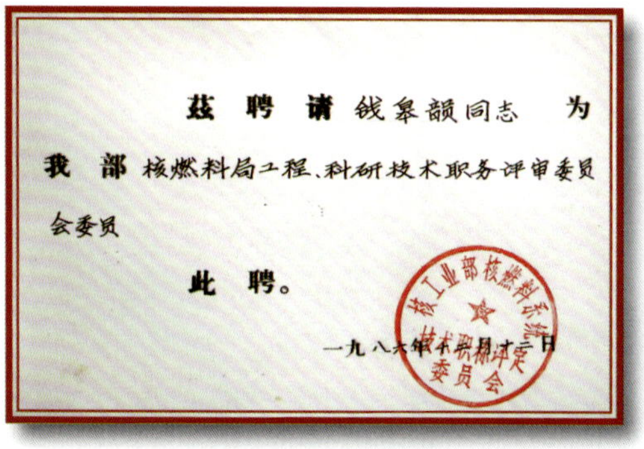
兹聘请钱皋韻同志为
我部核燃料局工程、科研技术职务评审委员
会委员
此聘。

核工业功勋奖章

钱皋韵同志从事国防科技事业 33 年，为国防现代化建设作出了贡献，特颁发“献身国防科技事业”荣誉证章，以资鼓励。

中华人民共和国 国防科学技术工业委员会

编号：

一九八八年十月一日

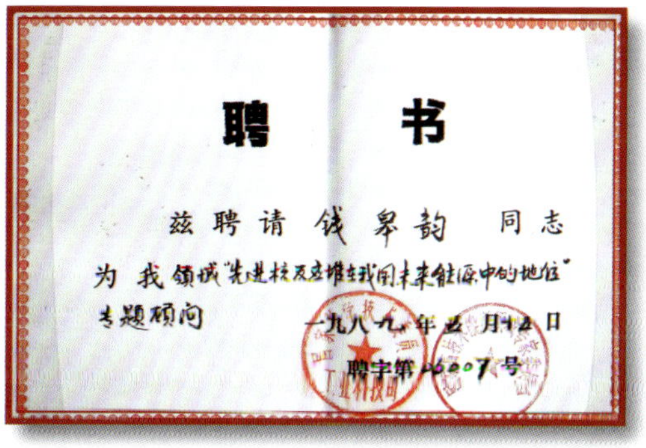

聘　　书

兹聘请 钱皋韵 同志

为我领域“先进核反应堆在我国未来能源中的地位”专题顾问

一九八九年五月12日

聘字第 6007 号

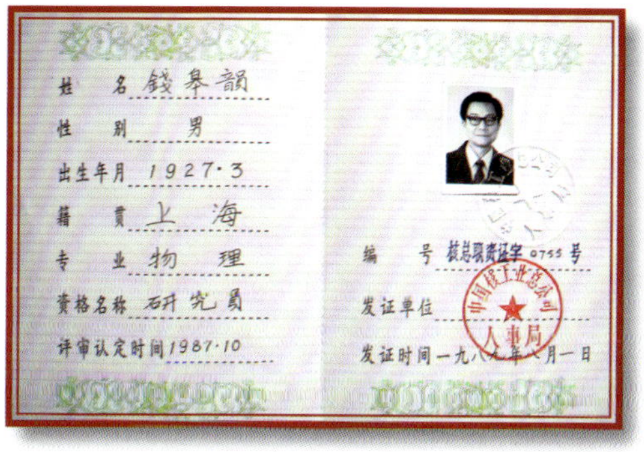

姓　名 钱皋韵

性　别 男

出生年月 1927·3

籍　贯 上海

专　业 物理

资格名称 研究员

评审认定时间 1987·10

编　号 核总职资证字 0755 号

发证单位

发证时间 一九八九年八月一日

人事局

证书墙

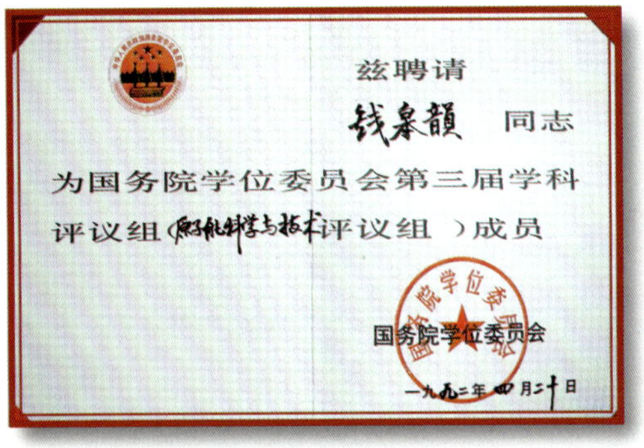

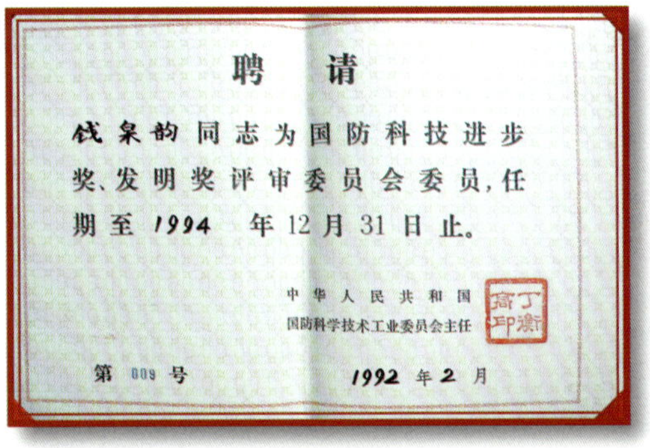

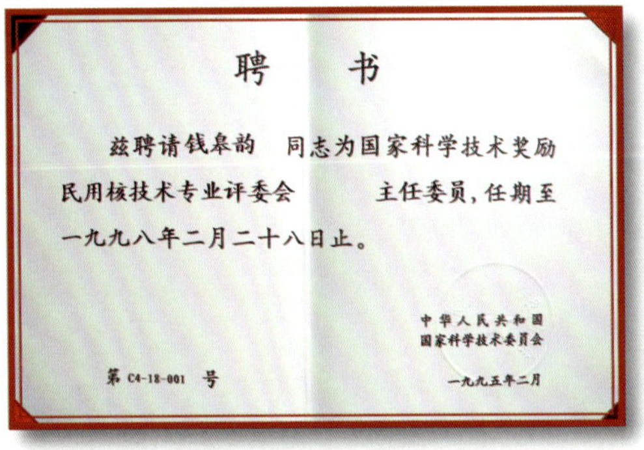

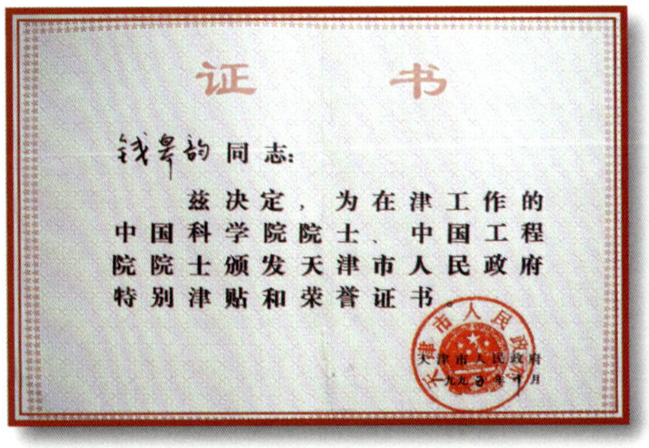

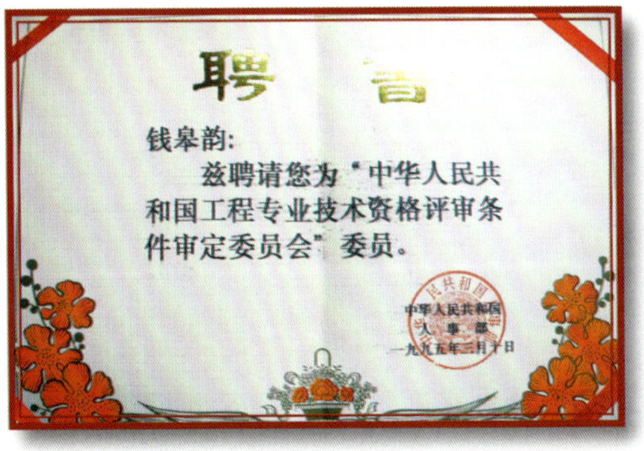

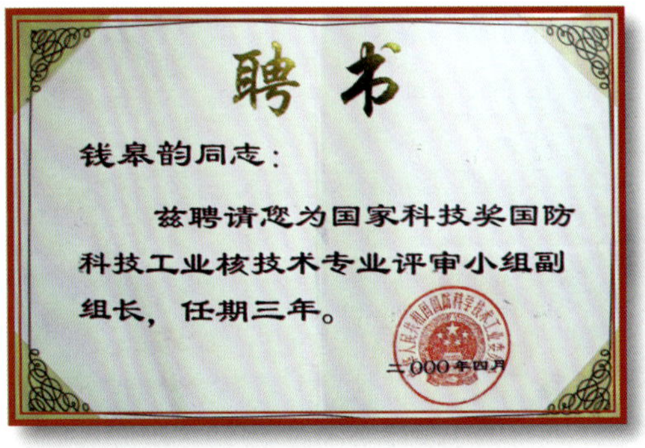

钱皋韵被聘为各种职务的聘书

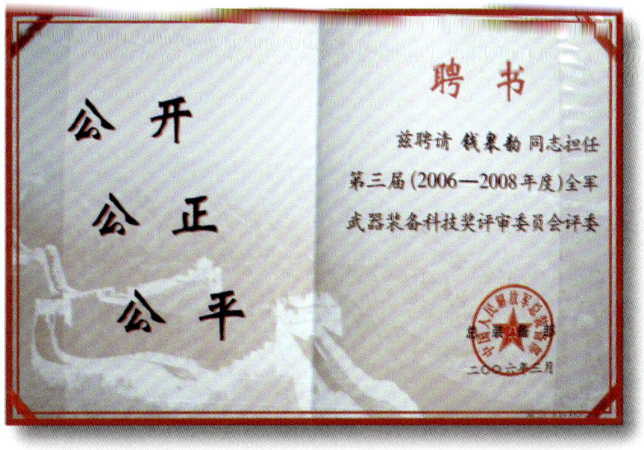

钱皋韵被授 2002 年光华工程科技奖

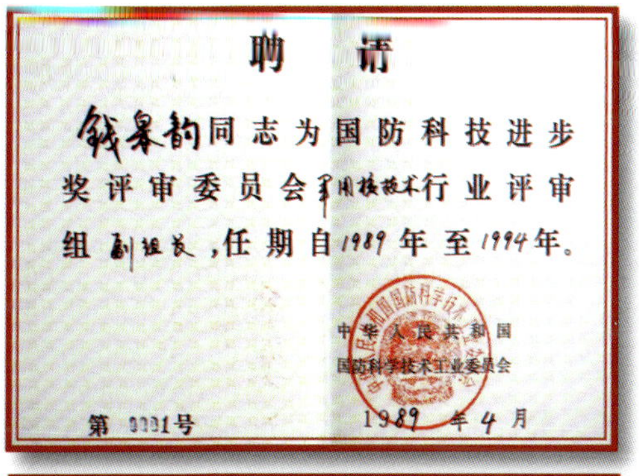

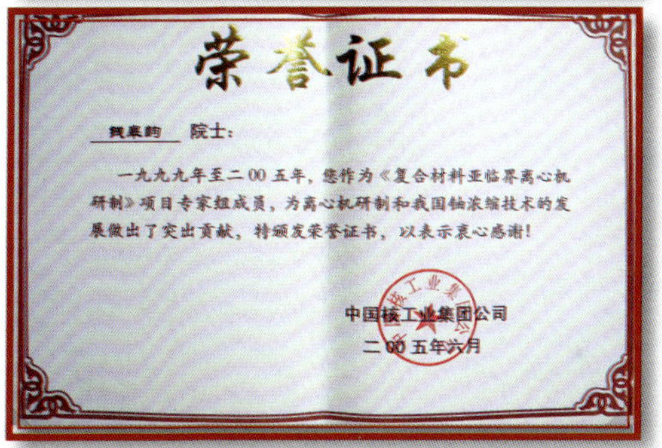

钱皋韵获得的部级科技进步一等奖的奖章

一生奉献 铸核强国

钱皋韵的部分工作证件

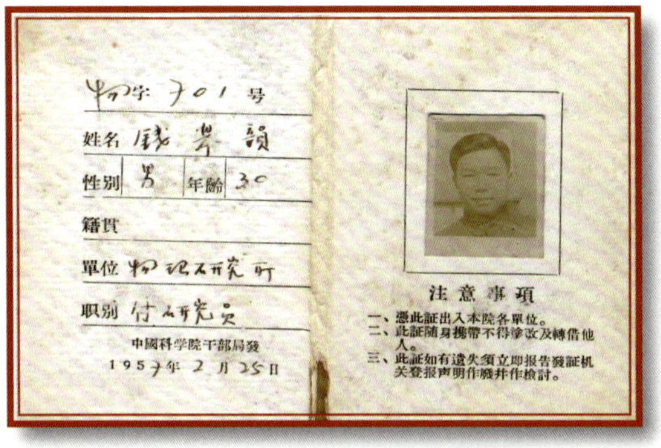
物字 701 号
姓名 钱皋韵
性别 男 年龄 30
籍貫
單位 物理研究所
职别 付研究员
中國科学院干部局發
1957年 2 月 25日
注意事項
一、憑此証出入本院各單位。
二、此証随身攜帶不得塗改及轉借他人。
三、此証如有遺失須立即报告發証机关登报声明作廢并作檢討。

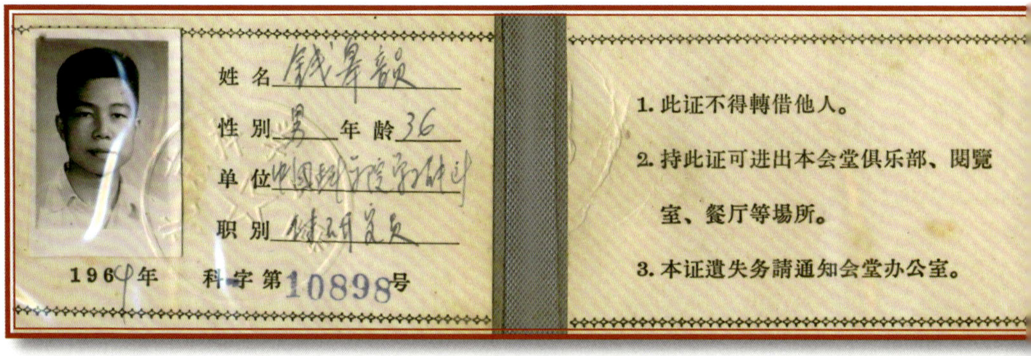
姓名 钱皋韵
性别 男 年龄 36
单位 [illegible]
职别 [illegible]
196 年 科字第10898号
1. 此证不得轉借他人。
2. 持此证可进出本会堂俱乐部、閱覽室、餐厅等場所。
3. 本证遺失务請通知会堂办公室。

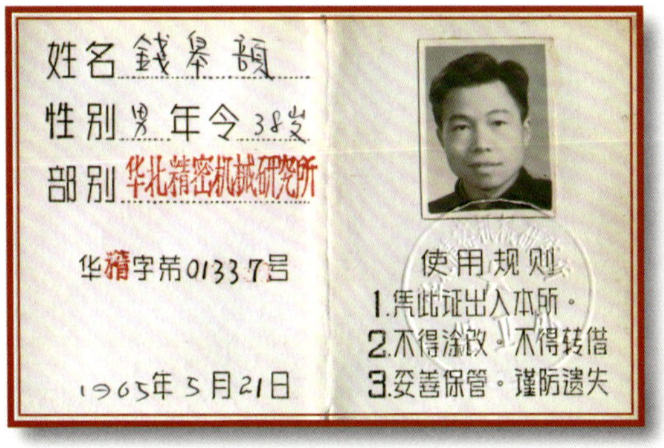
姓名 钱皋韵
性别 男 年令 38岁
部别 华北精密机械研究所
华精字第01337号
1965年 5 月21日
使用规则
1. 凭此证出入本所。
2. 不得涂改，不得转借
3. 妥善保管，谨防遗失

姓名 钱皋韵
性别 男 年龄 41
通行区域 002
科原字第 0001194号
使用规则
1. 凭此证出入本所
2. 不得涂改，不得转借
3. 妥善保管，不得遗失
中国科学院原子能研究所
1968年 3 月 15 日

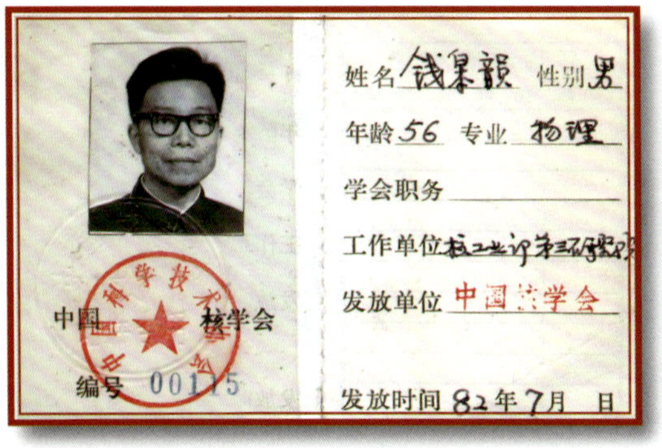
中国核学会
编号 00115
姓名 钱皋韵 性别 男
年龄 56 专业 物理
学会职务
工作单位 [illegible]
发放单位 中国核学会
发放时间 82年7月 日

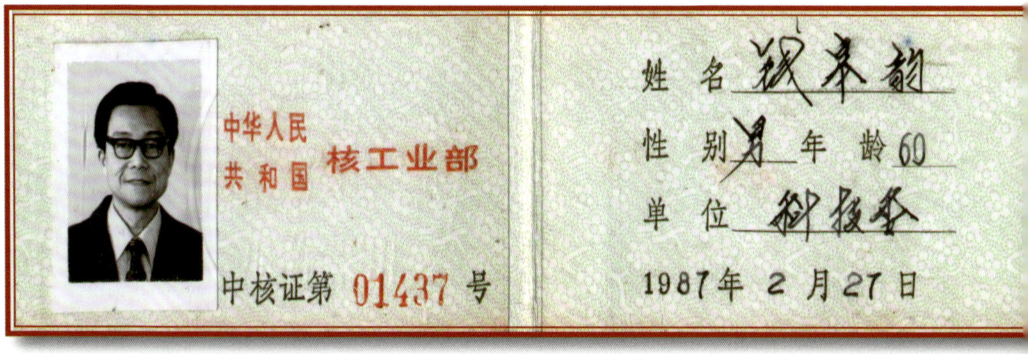
中华人民共和国 核工业部
中核证第 01437 号
姓名 钱皋韵
性别 男 年龄 60
单位 [illegible]
1987年 2 月27 日

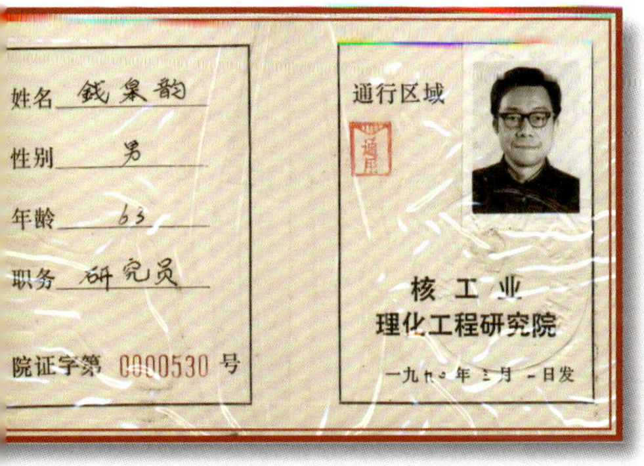
姓名 钱皋韵
性别 男
年龄 63
职务 研究员
院证字第 0000530 号
通行区域
核 工 业
理化工程研究院
通用

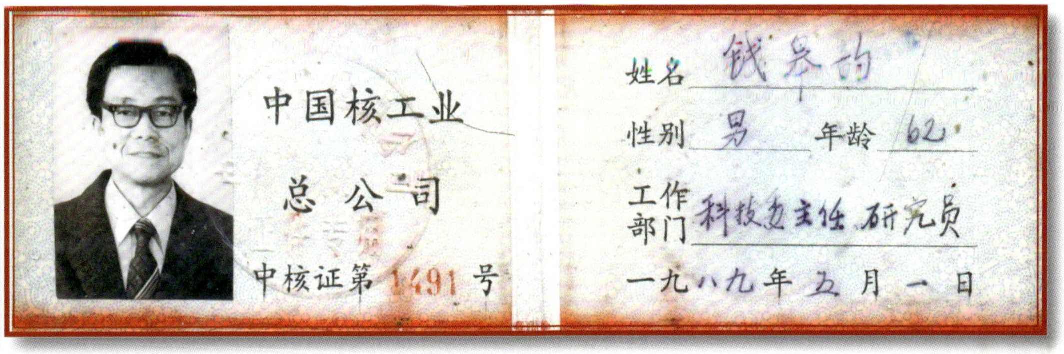
中国核工业
总 公 司
中核证第 1491 号
姓名 钱皋韵
性别 男 年龄 62
工作部门 科技委主任 研究员
一九八九年五月一日

核工业理化工程研究院
姓名 钱皋韵 性别 男
出生 1927年3月
职务职称 中国工程院院士
签发 1995．1
通行区域 通用
第 0020001 号

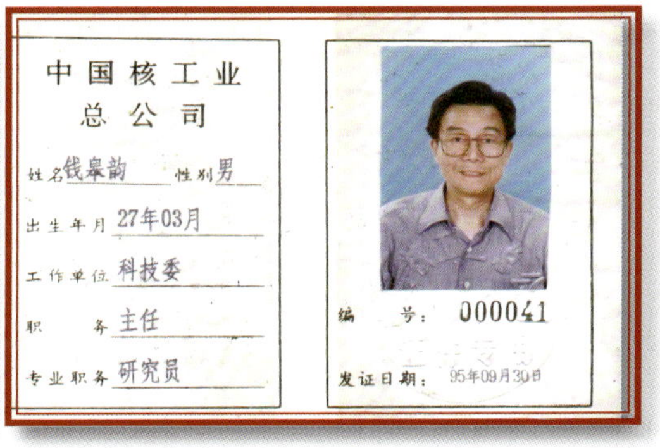
中 国 核 工 业
总 公 司
姓名 钱皋韵 性别 男
出生年月 27年03月
工作单位 科技委
职务 主任
专业职务 研究员
编号：000041
发证日期：95年09月30日

姓名 钱皋韵
性别 男
出生年月 1927.3
聘任职务 研究员
任期从 1987 年 10 月
至 年 月
编号：0001
单位领导：
聘任单位：
一九九六年一月 日

中国核工业集团公司
姓名 钱皋韵
性别 男
部门 科技委
职务 院士
中国核工业集团公司
证件专用
中核证字：100219270314012

中国工程院
姓名： 钱皋韵
部门：能源与矿业工程学部
编号： 04-043

第六章

引领学会 搭桥助核

引领学会 搭桥助核

1993 年 1 月，钱皋韵被任命为中国核学会第四届理事长，副理事长为王乃彦、王大中、吕敏、李玉仑、周平。秘书长为严叔衡。

担任理事长期间，钱皋韵积极组织开展核学会的各项学术活动，尤其注重海峡两岸的核学术交流。

1996 年 6 月， 应中国台湾地区财团法人核能科技协进会的邀请，钱皋韵率领中国核学会代表团访问中国台湾地区，共同举办了“第一届海峡两岸核能学术交流研讨会”的学术报告会，讨论了两地核能发展的经验和前景，参观了中国台湾地区的核能科研机构和设施，签订了双方定期互访及加强交流的协议。之后，每年轮流组团互访参观座谈，轮流举办一年一度普及核能知识的夏令营，吸收双方的青年学生参加，促进了两地青年之间的理解和友谊。这些活动，为拉近两地核能界人士的感情，间接促进和平统一，起了积极作用。

1998 年，钱皋韵在中国核学会的组织下举办了海峡两岸核科技夏令营，让中国台湾地区的青少年有机会来到北京进行交流。五年来，中国台湾地区核能界来访 5 次，核学会派出代表团访台 4 次，这 9 次的互动，既有参观访问，交流学术思想，也有学会交流活动，尤其在发展核电方面的交流更为广泛深入。

在他担任理事长的五年来，中国核学会积极组织国内外学术交流。共组织各类型的国内学术会议 142 次，组织国际会议，开展双边国际交流将近 20 次，有近 90 个国家的 1000 余人次参加。发展国际合作。先后与美国、法国等 13 个国家和地区的民间组织签订了合作协议，并争取到 2002 年在中国召开第 13 届太平洋地区核能会议的主办权。

组织国际展览会。如“中国国际核工业展览会”，第四届理事会先后举办了第四届、第五届、第六届。这个展览会已在国内外核行业中有了一定的知名度，形成两年一次的格局，成为核学会的一项重要工作。

科普与青少年教育的形式多种多样，如每年举办的核科技夏令营活动，出版科普书刊，举行科普讲座等。

重视推荐两院院士。三次组织专家推荐两院院士候选人 35 人。

重视学报组稿审稿工作。五年共出版中国核学会学报《核科学与工程》20 期。

1997 年 1 月，钱皋韵任第五届中国核学会名誉理事长。

1996 年 6 月，钱皋韵（右七）参加第一届海峡两岸核能学术交流研讨会。中国台湾地区方面有 17 个单位的 150 多位代表出席，双方就核电站运行及安全、核能教育及核技术应用、放射性废物管理、辐射防护与环境监测等进行了交流

2000 年，中国国际核工业展览会开幕式。此次展览会有 14 个国家 70 多家公司参展，中国有 60 多个单位参加，接待观众 1 万多人次，还组织 10 多场次 50 多个专题的技术交流报告会，其中中法核学会共同主办的报告会吸引了 200 多科技工作者参加

1998 年，海峡两岸核科技夏令营开营式，钱皋韵（右）、中国台湾地区代表王维科在主席台上

1998 年，海峡两岸核科技夏令营开营式，主席台自右至左：钱皋韵、王维科、朱永赡、冯鸣新

钱皋韵（右）与中国核学会第四届秘书长严叔衡合影

钱皋韵（前左三）参加中国核学会活动。钱皋韵虽然不再担任核学会职务，但还是积极组织参加学会相关学术活动

2008 年，钱皋韵（前左五）在四川参加中国核学会同位素分离分会年会

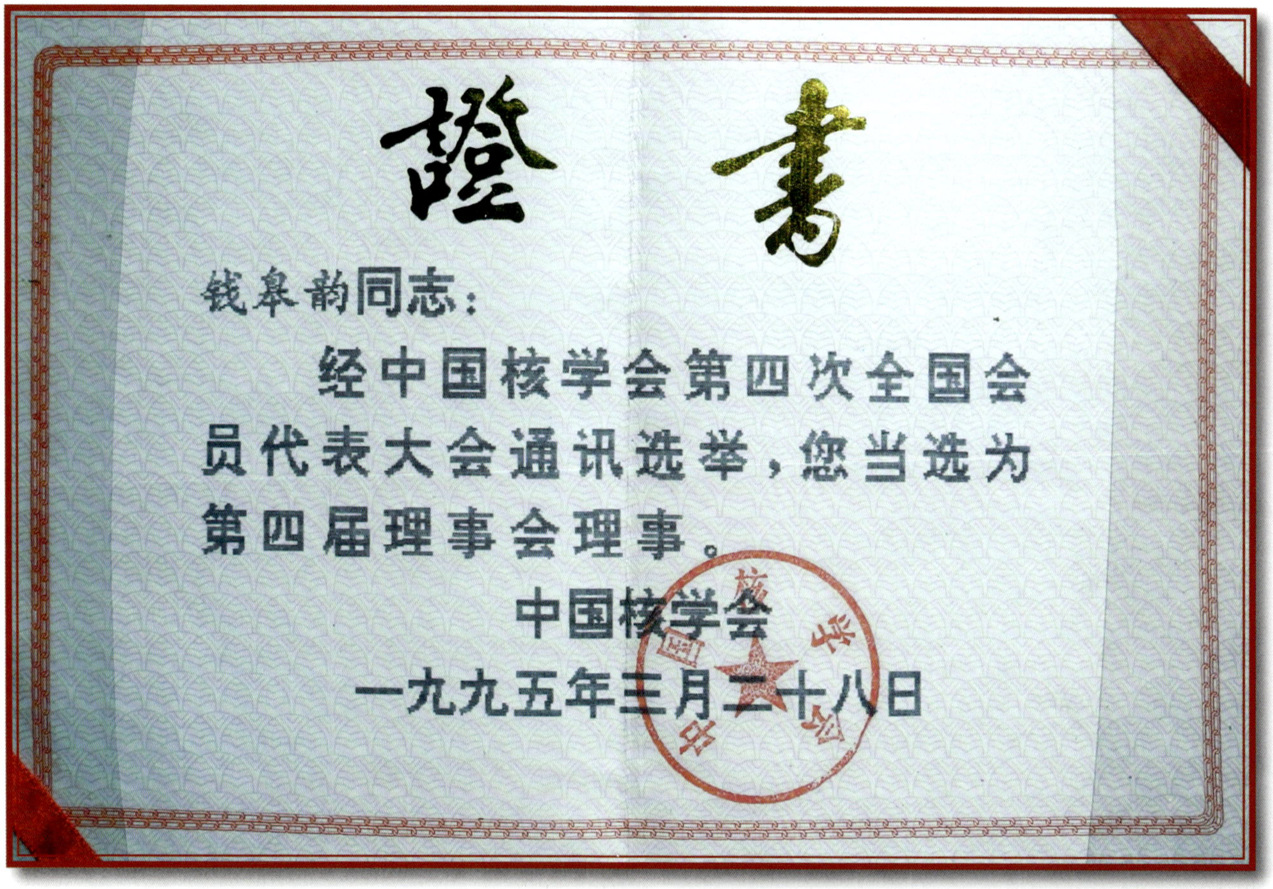

證書

钱皋韵同志：

经中国核学会第四次全国会员代表大会通讯选举，您当选为第四届理事会理事。

中国核学会

一九九五年三月二十八日

1995 年，钱皋韵当选为中国核学会第四届理事会理事时的证书

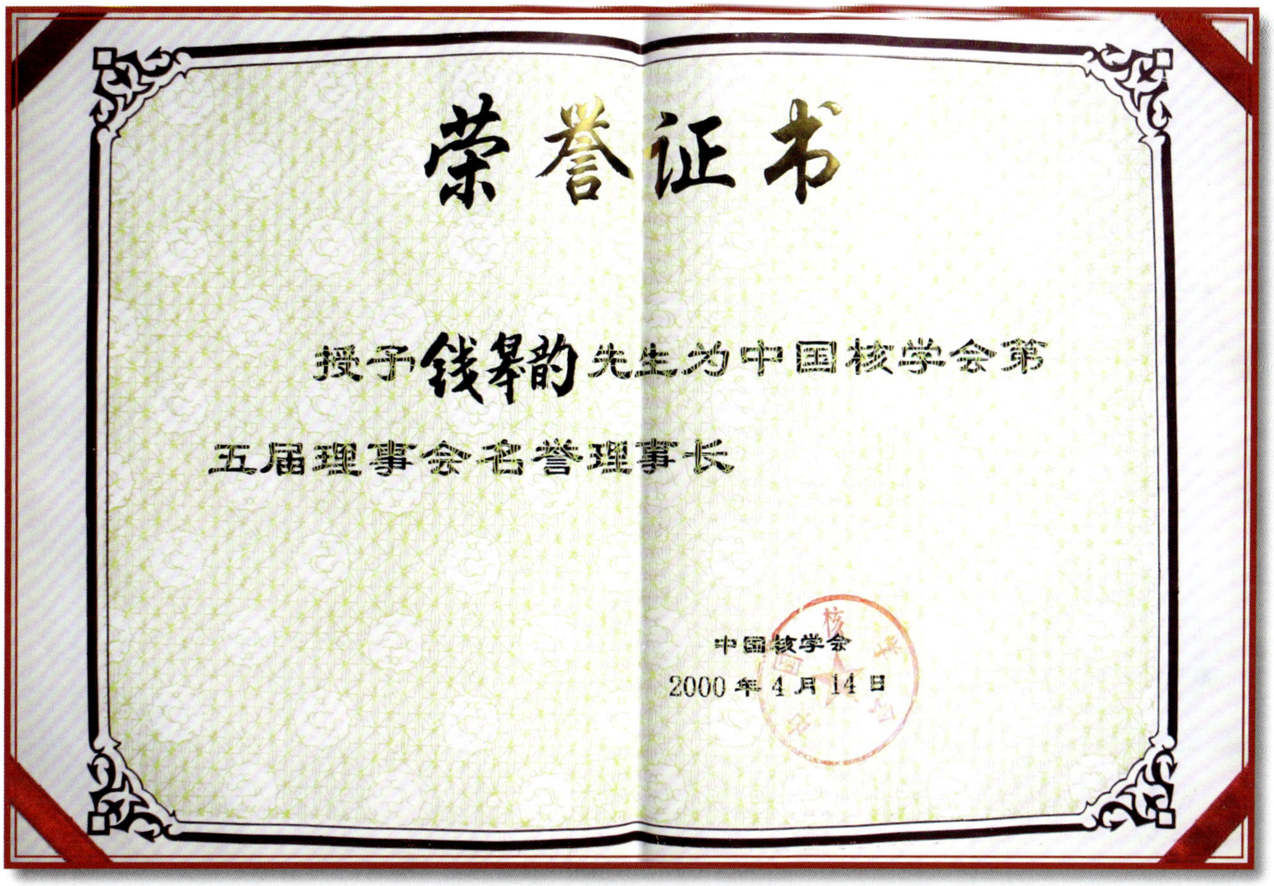

2000 年，钱皋韵当选为中国核学会第五届理事会名誉理事长的证书

引领学会 搭桥助核

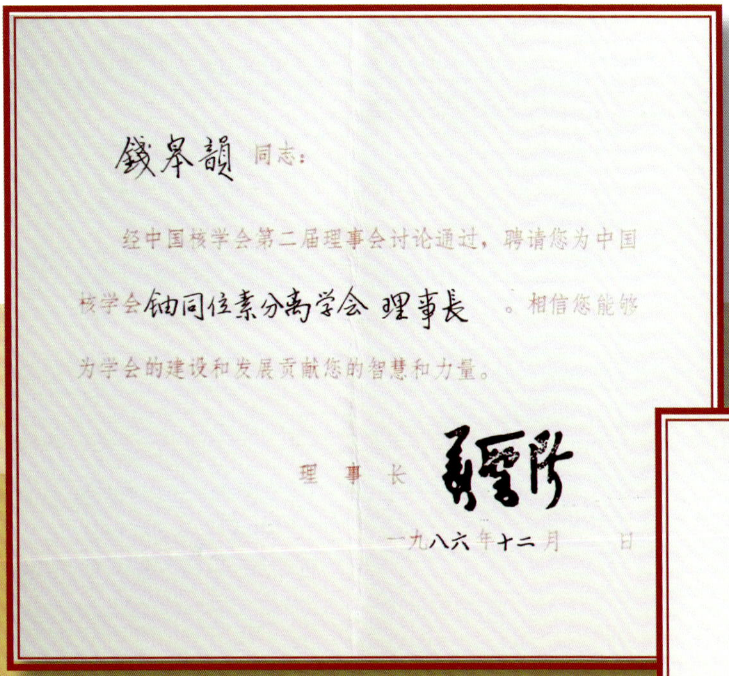

钱皋韻 同志：

经中国核学会第二届理事会讨论通过，聘请您为中国核学会铀同位素分离学会 理事长 。相信您能够为学会的建设和发展贡献您的智慧和力量。

理 事 长

一九八六年十二月 日

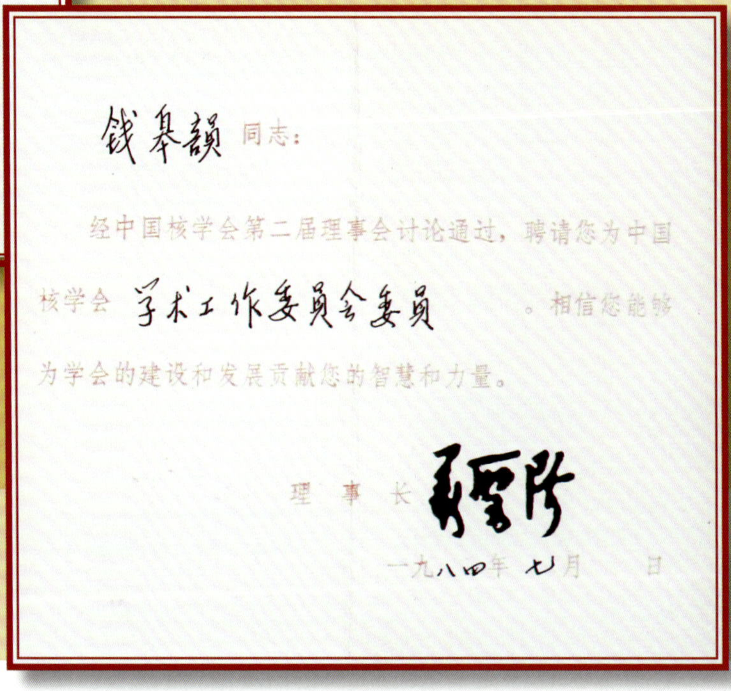

钱皋韻 同志：

经中国核学会第二届理事会讨论通过，聘请您为中国核学会 学术工作委员会委员 。相信您能够为学会的建设和发展贡献您的智慧和力量。

理 事 长

一九八四年七月 日

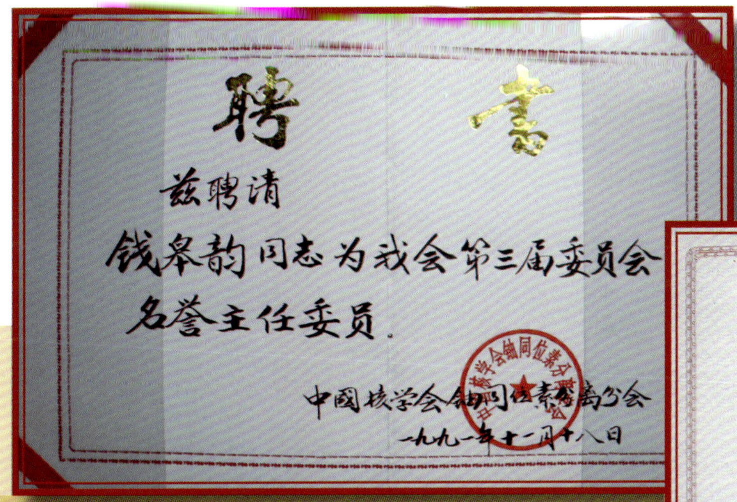
聘书
兹聘请
钱皋韵同志为我会第三届委员会
名誉主任委员。
中国核学会铀同位素分离分会
一九九一年十一月十八日

聘书
敬聘钱皋韵同志
为中国核学会第四届理事会
学术工作委员会委员。
中国核学会
一九九五年三月二十八日

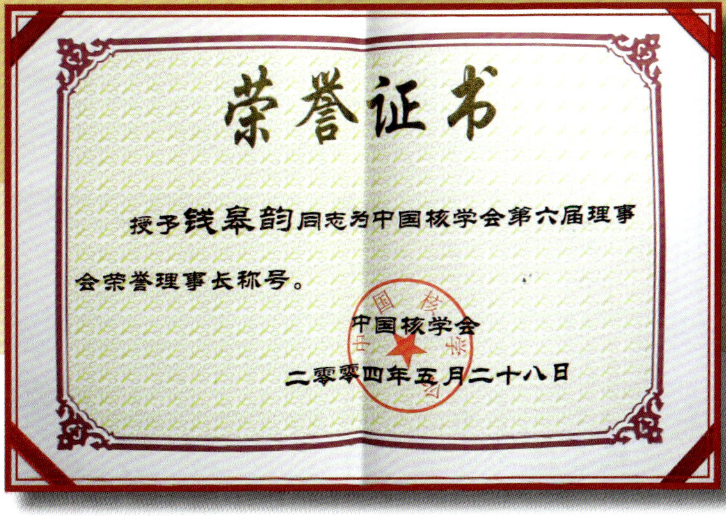
荣誉证书
授予钱皋韵同志为中国核学会第六届理事
会荣誉理事长称号。
中国核学会
二零零四年五月二十八日

第七章

革命伴侣 幸福家庭

革命伴侣 幸福家庭

钱皋韵的妻子杨念如 1951 年毕业于上海交通大学数学系，当年被征召参加抗美援朝，在杨念如前往朝鲜战场前，两人在北京结婚。杨念如在驻朝九兵团政治部担任翻译工作，直到停战协定签订后回国。

钱皋韵在杨念如回国后两人便在北京工作和生活。直到“文革”期间钱皋韵全家被下放到湖北，钱皋韵被下放到湖北钟祥二机部干校，但不得与一同下放在湖北的家人团聚。虽然期间钱皋韵的孩子们在下放的农村受到歧视，但他们忍辱负重并在自己学习上刻苦认真，未沾上那个时代背景下部分儿童的自暴自弃心态。所以当全家回北京后，他们能继续在学校学习而且成绩优异。

1972 年钱皋韵全家重返中国原子能研究所。1977 年钱皋韵被任命天津 605 所科技处长去天津履新，妻子则被调往北京市环保局检测中心工作，孩子们便一直与杨念如生活。

钱皋韵与妻子杨念如共孕育 3 子 1 女。当时钱皋韵由于工作和“文革”时期的原因不能给予孩子正常的亲情抚慰，但令他感到宽慰的是他的孩子都能及时参加恢复的高考并考上理想的大学，毕业后都留在北京工作并学有所成，这令他始料未及且倍感欣慰。

钱皋韵和杨念如结婚纪念照

革命伴侣 幸福家庭

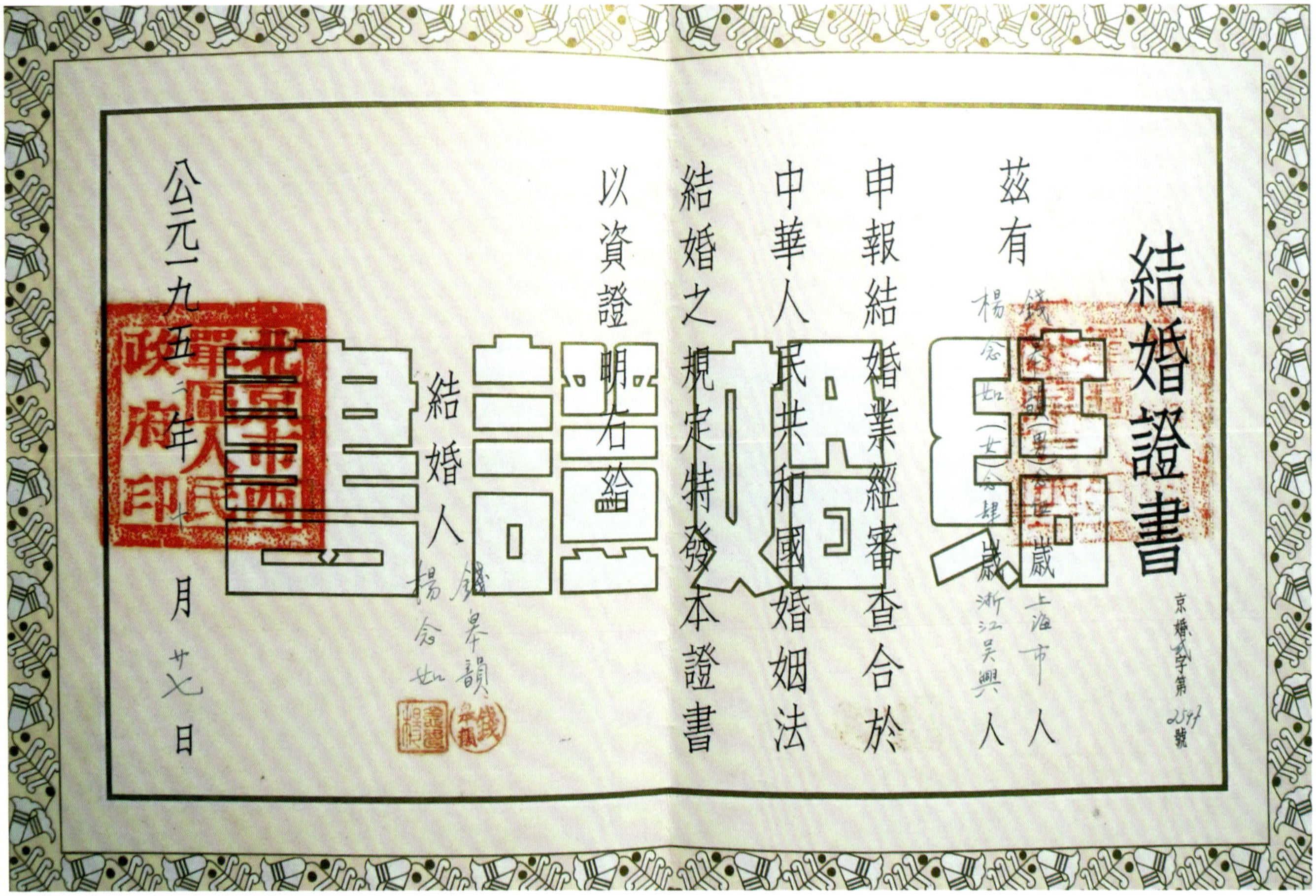

結婚證書

京婚貳字第2547號

茲有 錢皋韻（男）[illegible]歲 上海市人

楊念如（女）念肆歲 浙江吳興人

申報結婚業經審查合於

中華人民共和國婚姻法

結婚之規定特發本證書

以資證明右給

結婚人 錢皋韻 楊念如

公元一九五二年十一月廿七日

北京市西單區人民政府印

钱皋韵和杨念如的结婚证书

钱皋韵与杨念如

革命伴侣 幸福家庭

钱皋韵与杨念如与同学王传善在北海公园

钱皋韵与杨念如在扬州瘦西湖

钱皋韵与杨念如在故宫

钱皋韵与杨念如在宋庆龄故居

革命伴侣 幸福家庭

1951 年，杨念如前往朝鲜前与钱皋韵在北京北海公园的合照

2017 年，钱皋韵（前排左）家庭全家照，前排右为杨念如，后排依次从左至右三子钱小韵，次子万奔，长子苏宁，四女钱晓菁

革命伴侣 幸福家庭

2017 年，钱皋韵与杨念如合影

2008年，钱皋韵（前排右二）与家人合影

革命伴侣 幸福家庭

2010 年，钱皋韵（前排右三）与家人合影

2018 年，钱皋韵（前排左二）与家人合影

第八章

兴趣广泛 能工巧匠

兴趣广泛 能工巧匠

钱皋韵的兴趣爱好面很广泛。有段时间受《科学画报》《Popular Mechanics》《少年电器工程师》的影响，喜欢自己做一个小电动机、小感应火花发生器、气体放电管等设备。也喜欢听音乐，主要爱听轻音乐，为此买了不少旧唱片，这个爱好至今未变。

再有便是爱看书，除有关无线电、音乐方面的书外，在大中学时，看了很多我国的传统古典小说和苏联的革命时期和描写苏维埃建设的小说，在“文革”时期，看了一些国外的和间谍侦探小说。回忆对他印象深的有，《卢骚忏悔录》《少年维特之烦恼》《牛虻》《钢铁是怎样炼成的》等等。退休后，电脑又引起了他的兴趣。

但是他最大的业余爱好便是无线电。在家中还设立了业余电台，和广大爱好者每天在空中互致问候，交流短波通讯经验，他还开玩笑说，空中互呼互答需要头脑反应快，可以避免老年痴呆症。在业余通讯没有开放的时候，他还拆装过电视机、音箱和放大器，帮他人修修各种家用电器，认为也是工作之外的一种休闲方式。

钱皋韵（前二排右五）与其他无线电爱好者合影

兴趣广泛 能工巧匠

2007 年钱皋韵（前二排右一）参加业余无线电节时与其他爱好者合影

钱皋韵和他的无线电工作室

兴趣广泛 能工巧匠

钱皋韵在工作室中调整数据

2018 年，钱皋韵（前中）与其他来看望他的无线电发烧友在养老院合影

兴趣广泛 能工巧匠

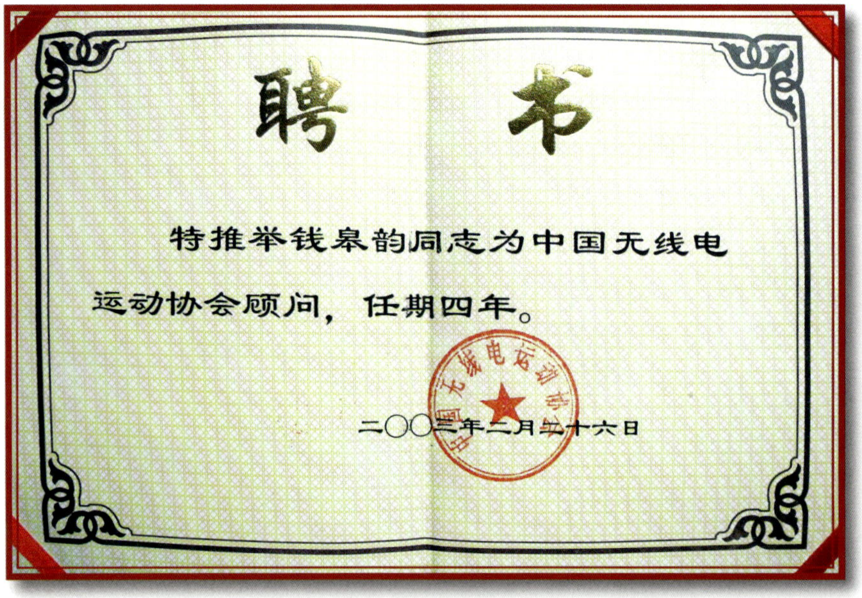

2003 年，钱皋韵当选为中国无线电运动协会顾问的证书

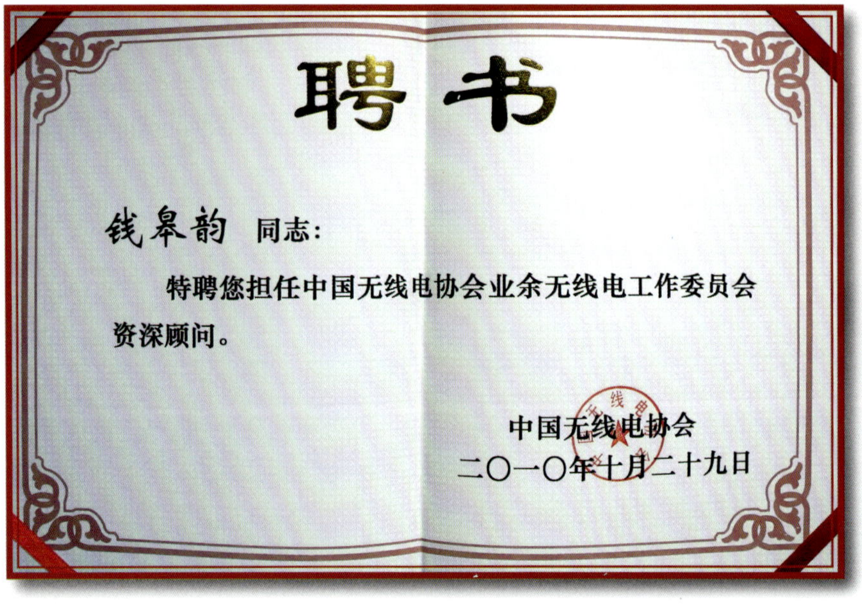

2010 年，钱皋韵被聘为中国无线电协会业余无线电工作委员会资深顾问的证书

2011 年，钱皋韵（左一）与陈炎、许祖华参观黄世霖的汽车碰撞实验室时合影

兴趣广泛 能工巧匠

钱皋韵退休后旅游时照片

钱皋韵（左）与夫人杨念如旅游时的照片

简历

1927 年 03 月 14 日

钱皋韵出生于上海

1938 年

考入上海中学

1946 年 09 月

考入交通大学物理系

1950 年

7 月于交通大学物理系毕业，并加入中国共产党，9 月赴哈尔滨工业大学就读哈尔滨工业大学研究班

1952 年

5 月被哈工大派送去北京俄专留苏预备部准备留苏

1953 年

赴苏联莫斯科大学物理系电子教研室学习。后赴莫斯科热工研究所学习

1956 年

回国，人事关系由交通大学转到核工业系统

1957 年

入职原子能科学研究（代号先为 “601 厂” ，后改为 “原子能所” ）

1959 年

被派赴莫斯科近郊苏联原子能研究所下属的热核聚变研究部实习 3 个月后回到原子能所

1960 年

调入原子能所的 615 室，即铀同位素分离研究室

1964 年 04 月

615 室成为 605 所的北京分部，其人事编制规划到华北 605 所（后改为核工业理化工程研究院）

1974 年

被任命为三院北京分部（原 615 室）的副主任，继续从事分离膜和 4 号机的研制工作

1977 年

被任命为三院科技处处长

1979 年

被任命为三院副院长

1983 年

被国务院任命为三院院长。同年成为天津市人大代表

1985 年

被聘为核工业部科学技术委员会委员，同时兼任铀同位素分离组组长

1986 年

任核工业部副总工程师，科技委副主任

1987 年

技术职称晋升为研究员，被聘为核工业部工程科技职务评审委员会委员

1988 年 01 月

中国核工业总公司科技委主任

1991 年

获首批“政府特殊津贴专家”称号

1993 年 01 月

任第四届中国核学会理事长

简历

1994 年

获被评为中国工程院首批院士，任首届能源与矿业工程学部常委副主任

1995 年 3 月

被国家人事部聘为中华人民共和国工程专业技术资格评审条件审定委员会委员

1997 年 01 月

任第五届中国核学会名誉理事长

2002 年

获第四届光华工程科技奖

2019 年

获中核集团院士荣誉勋章

2020 年

获中国核工业功勋奖章

后 记

几十年来，几代核工业人艰苦创业、开拓创新，推动我国核工业从无到有、从小到大，取得了世人瞩目的成就，为国家安全和经济建设作出了突出贡献。在几代核工业人之中，核科学家无疑是其中最引人注目的群体之一。

2019 年，中共中央办公厅国务院办公厅印发《关于进一步弘扬科学家精神加强作风和学风建设的意见》，指出要引导广大科技工作者在践行社会主义核心价值观中走在前列，争做重大科研成果的创造者、建设科技强国的奉献者、崇高思想品格的践行者、良好社会风尚的引领者。为了响应号召，进一步弘扬科学家精神，我们组织编写《中国核学会科学家画册》系列丛书，通过讲述核科学家的故事，更生动地诠释科学家精神，感受他们心底的那份对祖国的爱、对家人温暖和对事业的执着。

在本书编写过程中，钱皋韵院士及家属钱小韵提供了大量丰富详实的资料。在此，向钱皋韵院士、钱小韵表示感谢。此外，在本书编写过程中，还得到了其他一些机构和个人的帮助，在此一并致谢。